Museumsinsel

Museumsinsel Berlin

Maximilian Meisse

Wasmuth

Entwurf einer historischen Architektur

Das ist nicht die Museumsinsel, wie wir sie kennen. Das ist ein Gegenentwurf. Maximilian Meisse zeigt uns den Ort nicht, wie er ist, oder besser, wie wir ihn zu kennen glauben, sondern eine Vision, wie er sein könnte – oder wie er war. Er zeigt uns, dass, was wir zu kennen vermeinen, nicht die Realität sein muss. Die Realität ist wie eine Kuh, pflegte Colin Rowe zu sagen, wenn man ihr lange genug in die Augen schaut, zieht sie davon. Seit ich Maximilian Meisses Entwurf von der Museumsinsel kenne, ist das für mich die neue Realität.

Die Museumsinsel, Akropolis des zerstörten und verfallenen Spreeathen, das wir aus den Büchern kennen - was war sie anderes als ruinöse, überaus problematische Vergangenheit! Naziaufmarschplatz (Lustgarten), Säulenpathos (Altes Museum), Monumentalismus (Pergamonmuseum), Eklektizismus (Alte Nationalgalerie), Historismus (Bodemuseum) und Wilhelminismus (Dom). Durchweg negative Assoziationen also, die auch durch neuerliche Rückgewinnungsanstrengungen nicht vergessen sind. Ja vielleicht ist das die historische Leistung der schmucklosen Weißbetontreppe im nackten Raum Stülers, die Schwellenangst zu mindern und uns, eine vorurteilsbehaftete, verängstigte Spezies, wieder an die Museumsinsel heranzuführen.

Maximilian Meisse scheint diese Vorbehalte nicht zu kennen oder er will von ihnen nichts wissen bei seiner fotografischen Rekonstruktion. Oder aber, was wahrscheinlicher ist, kennt er die Aversionen gegenüber der Museumsinsel sehr genau und macht sich diesen Hintergrund zunutze für seine fotografisch-entwurfliche Tätigkeit. Völlig unbeeindruckt von der gewöhnlichen zeitgenössischen Rezeption, jedes Gebäude als ein Individuum zu sehen, losgelöst von seinen Nachbarn, mit eigener Geschichte und Problematik, wagt er eine Zusammenschau und schafft wie aus dem Nichts eine Berliner Stadtkrone, auf die die Expressionisten so versessen waren vor der großen Zerstörung.

So sehr die Museumsinsel im Gegenüber der bürgerlichen Stadtstruktur ihre Gestalt gewonnen hat, so sehr ist sie doch heute auf sich zurückgeworfen, mehr denn je zur Insel geworden, der Bezugnahme auf das Schloss beraubt und damit der Einbettung in das Achsensystem der Linden, das vom Brandenburger Tor her über die Schlossbrücke an der Schlossfront gleichsam eine Brechung zum Alten Museum fand. Dabei lässt sich die Museumsinsel als Sublimierung konventioneller städtischer Architektur lesen, gleichsam als eine bürgerliche Stadtkrone, bevor diese Gegenstand individueller Spekulationen werden konnte. Welch ein grandioses Missverständnis der frühen Moderne, der „Gläsernen

Design For An Historical Architecture

That is not the Museumsinsel as we know it. It's a counter-design. Instead of the location as it is, or better, what we believe it is, Maximilian Meisse shows us a vision of what it could be – or what it was. He shows us that what we think we know mustn't be the reality. As Colin Rowe put it, reality is like a cow; if we look it long enough in the eyes, it walks away. Since I became familiar with Maximilian Meisse's design for the Museumsinsel, it has become the new reality for me.

What was the Museumsinsel, that Acropolis of the destroyed and decayed Athens-on-the-Spree that we know from books, other than a ruinous, thoroughly problematic past! Nazi parade ground (Lustgarten), pillars of pathos (Altes Museum), monumentalism (Pergamonmuseum), eclecticism (Alte Nationalgalerie), historicism (Bodemuseum) and the Wilhelminian (Dom). In short, nothing but negative associations, which have not been forgotten in the wake of recent reclamation efforts. Perhaps the historical achievement of the unadorned white concrete stairway in Stüler's empty space is to minimize the fear to cross the threshold, and prejudiced, intimidated species that we are, to lead us back to the Museumsinsel.

In his photographic reconstruction Maximilian Meisse seems neither to harbour these reservations, nor want to know about them. Or perhaps, which is more likely, he is very well aware of the aversions to the Museumsinsel and uses that as background for his photographic and design activity. Completely unmoved by the usual contemporary reception to see each building as an individual, detached from its neighbour, with its own history and issues, as if in a vacuum he dares to assemble them and create an urban crown for Berlin, which had so preoccupied the Expressionists before the great destruction.

As much as it had profited from its contrast to the bourgeois cityscape, the Museumsinsel has been thrown back on itself today. More than ever it has become an island, robbed both of its reference to the Schloss and the embedding in the axial system of the Linden, which creates a kind of crescendo to the Altes Museum from the Brandenburger Tor via the Schlossbrücke in front of the Schloss. In doing so the Museumsinsel reads as a sublimation of conventional urban architecture, as a quasi bourgeois municipal crown, before it could become the object of individual speculations. What a grand misunderstanding it was of the early Modern, of the „Gläserne Kette" and the „Arbeitsrat für Kunst", to invent a crown and bestow it, as an expressionist composition! It's much more thanks to the juxtaposition, nest-

Kette“ und des „Arbeitsrats für Kunst“, man könne sich eine Stadtkrone ausdenken und aufsetzen - als expressionistische Komposition! Vielmehr verdankt sie sich dem Nebeneinander, Ineinander, Übereinander der monumentalen, dem jeweiligen Zweck am besonderen Ort entsprechenden Verwendung eines überlieferten architektonischen Repertoires, das etwas zu verherrlichen hat und dabei höchstem künstlerischen Ausdruck genügen will. Es sind besondere Häuser, die hier eine Stadtkrone bilden, feierliche Behausungen für die Kunst.

„Entwurf einer historischen Architektur“ hat 1721 Fischer von Erlach mit erstaunlichem historischen Einfühlungsvermögen (Kruft) sein monumentales Konvolut von Stichen genannt, das die Globalisierung in der Erfindung architektonischer Welten vorwegzunehmen scheint, die sich jeweils an Bilder damals bekannter Weltkulturen knüpfen. Er wollte „das Auge der Liebhaber ergötzen und den Künstlern zu Erfindungen Anlass geben“. Er nannte dieses 1705 in Angriff genommene Werk „ein unschuldiges Zeitvertreib“. Ist Fischer von Erlachs ausgreifender Blick die Ankündigung globalen Interesses, so geht es Maximilian Meisse um Fokussierung und Intensivierung.

Meisse schafft mit der Kamera eine historische Architektur, die das latente Eigene aufzuspüren sucht, das verschüttete und vergessene „Spreeathen“, das in der Museumsinsel immer noch oder besser wieder eine ganz überwältigende Präsenz zu entfalten beginnt, für den, der sich neugierig auf den Weg macht, diesen Kosmos zu entdecken. Er umkreist die Museumsinsel und dringt immer wieder in sie ein, tritt zurück und hält sich an einem Detail auf, schweift ab, um dann umso akribischer eine Schichtung und Staffelung von Bauteilen einzufrieren, die über Generationen entstanden ist und die wir so nie gesehen haben. Das sind die ausdrucksstärksten Bilder, die Ausschnitte verschiedener Gebäude zusammenfassen und zeigen, wie innerhalb eines begrenzten tektonischen Repertoires eine üppige Ausdrucksvielfalt entstehen konnte, die sich doch zu einer verblüffenden Homogenität fügt. Ungläubig blättern wir durch die Bilder, vor und zurück, das soll die Museumsinsel sein, das ist tatsächlich Berlin?

Wir gehen durch die S-Bahn-Unterführung mit ihrer Graffitikunst und werfen unversehens einen Blick auf diese Museumsinsel: einen Blick in Griechenlands Blüte, nicht länger eine Toteninsel, bei aller Liebe zu den wunderbaren Böcklin-Bildern, die hier zu Hause sind. Doch wie bei Böcklin ist hier nichts abgestellt, alles drängt aus der Erde heraus, von Stützmauern gehalten – gegliederte Masse, die es zum filigranen Gesims drängt und zur akanthusgeschmückten Säule. Nur deshalb geht die Querung der S-Bahn so selbstverständlich in das romantische Bild ein. Was am Hauptbahnhof bloß

ing and stacking of the monumental, the application of a traditional architectural repertoire corresponding to a particular purpose at a specific location, which together has something to exalt and which thereby strives for the highest artistic expression. These are special buildings which constitute an urban crown, ceremonial dwellings for art. In 1721 Fischer von Erlach, with astonishing historical insight (Kruft) called his monumental accumulation of engravings an „Entwurf einer historischen Architektur“ (A Plan for a History of Architecture) which seems to anticipate the globalization in its discovery of architectural worlds, each relating to pictures of world cultures familiar at the time. He wanted to „captivate the eye of the devotee and create an occasion for the artist to discover something.“ He called this work, begun in 1705 „an innocent pastime.“ If Fischer von Erlach's farreaching gaze is the proclamation of global interests, then Maximilian Meisse is focussing and intensifying that gaze.

Meisse creates with the camera an historic architecture, which seeks to detect the latent essence, the buried and forgotten „Spreeathen“, which still, or better, once again, reveals an overwhelming presence in the Museumsinsel, for those whom curiosity has dispatched to discover this cosmos. He circles the Museumsinsel, repeatedly re-entering it, stepping back and dwelling on a detail, only to veer off in order to all the more painstakingly capture layers and gradations of building elements which have accumulated over generations, which we have never seen like that. Those are the most powerful pictures, which conflate the sections of different buildings and show how from a limited tectonic repertoire a lush variety of expression can be created, which nonetheless forms an amazing homogeneity. We flip back and forth through the pictures in disbelief; is that supposed to be the Museumsinsel, is that really Berlin?

We go through the subway underpass with its graffiti and inadvertently glance at this Museumsinsel: a glimpse into the flower that was Greece, no longer a necropolis, in all respect to the wonderful Böcklin pictures which have their home here. But as with Böcklin nothing has been dumped here, everything is straining from the earth, held by retaining walls – structured mass, squeezed into filigree cornices and acanthus draped pillars. That's the only reason that the crossing of the subway can glide so matter-of-factly into the romantic. What simply works in the main train station becomes an event here.

How seldom do we encounter the theatre props of our modern civilization, an excavator here, a lonely contractors shed under a bridge there, and the James-Simon-Galerie construction site. Look at the machinery we allow on stage and the inhibited effect of the architecture it produces! Compare the power in the historic image of the Neues Museum with the

funktioniert, hier wird es zum Ereignis.
Selten begegnen wir Versatzstücken unserer modernen Zivilisation, ein Bagger hier, ein einsamer Bauwagen unter einer Brücke und die Baustelle der James-Simon-Galerie. Was für Geräte lassen wir auftreten und wie eingeschüchtert wirkt unsere Architektur! Welche Kraft in der historischen Profilierung des Neuen Museums und welche Ermattung im Neubauteil! Nur der Fernsehturm ragt aus einer anderen Welt hin und wieder in das Bild, noch nicht einmal störend, ist er doch einer der wenigen Gebäudetypen der Moderne mit einer gewissen Eleganz in der Stadtsilhouette. Wenn das Bodemuseum erleuchtet ist, verspürt man sogar eine Annäherung: Auch moderner Architektur ist ein Anflug von Schönheit nicht abzusprechen, nachts.
Eine Freude an tektonischer Morphologie bricht sich immer wieder Bahn: Backsteinpfeiler über kanneliertem dorischen Säulenfragment; filigranes Gebälk mit mennigefarbenem Doppel-T-Träger; gestaffelte Kolonnadenmotive: Spreekolonnade, Front der Alten Nationalgalerie, Portikus des Neuen Museums. Vorherrschend sind Materialfarben, Stein, Backstein und Putz (der oft Stein nachahmt). Merkwürdig korrespondieren die Reste der Wandfresken im Neuen Museum vor der Restaurierung mit den eingangs bemerkten Graffiti. Und das Rot auf Plakaten und Fahnen irritiert mächtig.

Hans Kollhoff

fatigue of the new addition! Only the television tower looming out of the picture from another world never distracts, one of the few types of building of the Modern with a certain elegance in the city silhouette. When the Bodemuseum is illuminated one can detect an inkling of it: Even modern architecture can not be denied a trace of beauty, at night.
Joy in tectonic morphology is constantly breaking out, brick pillars on top of fragments of fluted Doric columns; filigree beams with red lead coloured double t-girders; graded colonnade motifs: Spreekolonnade, the front of the Alte Nationalgalerie and the portico of the Neues Museum. The colours of the materials predominate, like stone, brick and stucco (which often imitates stone). The remains of the frescos in the Neues Museum before the restoration correspond weirdly with the graffiti mentioned at the beginning. And the red on the posters and flags is terribly irritating.

I

Blick durch die Eisenbahnunterführung am Monbijoupark über die Spree zur Museumsinsel
View through the railway underpass at Monbijoupark across the River Spree towards the Museumsinsel

II
Blick über die Spree auf den Berliner Dom, die Kolonnaden und die Alte Nationalgalerie
View across the River Spree towards the Berliner Dom, the colonnades and the Alte Nationalgalerie

III
Blick über die Spree auf die Kolonnaden, das Neue Museum und die Alte Nationalgalerie
View across the River Spree towards the colonnades, the Neues Museum and the Alte Nationalgalerie

Neues Museum

IV · V

Blick über die Spree auf die Nordostfassade der Alten Nationalgalerie

View across the River Spree towards the north-eastern façade of the Alte Nationalgalerie

Nationalgalerie

VI · VII
Blick über die Spree auf die Nordostfassade des Bodemuseums
View across the River Spree towards the north-eastern façade of the Bodemuseum

VIII
Blick über die Spree auf die Nordostfassade des Pergamonmuseums
View across the River Spree towards the north-eastern façade of the Pergamonmuseum

IX · X
Ausschnitt der Nordostfassade des Pergamonmuseums
Section of the north-eastern façade of the Pergamonmuseum

XI · XII

Die Eisenbahntrasse zwischen dem Bodemuseum und dem Pergamonmuseum
The railway lines between the Bodemuseum and the Pergamonmuseum

XIII · XIV · XV
Das Pergamonmuseum · Ausschnitte der Südwestfassade, der Nordostfassade und der Nordwestfassade
The Pergamonmuseum · Sections of the south-western façade, the north-eastern façade and the north-western façade

XVI · XVII
Die geschlossenen Kolonnaden nordöstlich der Alten Nationalgalerie
The closed colonnades in the northeast of the Alte Nationalgalerie

XVIII
Blick von Nordosten auf die Alte Nationalgalerie, das Pergamonmuseum und die geschlossenen Kolonnaden
View from the northeast towards the Alte Nationalgalerie, the Pergamonmuseum and the closed colonnades

XIX · XX
Blick vom Kolonnadenhof auf das Neue Museum und die Alte Nationalgalerie
View from the Kolonnadenhof towards the Neues Museum and the Alte Nationalgalerie

Alte
National-
galerie
Neues
Museum

XXI · XXII

Blick vom Kolonnadenhof auf die Alte Nationalgalerie

View from the Kolonnadenhof towards the Alte Nationalgalerie

XXIII
Die Freitreppe der Alten Nationalgalerie
The outdoor stairway of the Alte Nationalgalerie

XXIV
Blick von Nordosten auf das Neue Museum und die Alte Nationalgalerie
View from the northeast towards the Neues Museum and the Alte Nationalgalerie

A PATRE BEATISSIMO CONDITUM AMPL

XXV · XXVI
Die Kolonnaden an der Spree vor und nach der Restaurierung
The colonnades next to the River Spree before and after the restoration

XXVII · XXVIII
Die Kolonnaden an der Bodestraße nach der Sanierung
The colonnades next to the Bodestrasse after the restoration

XXIX · XXX
Die Kolonnaden am Neuen Museum
The colonnades at the Neues Museum

XXXI · XXXII
Ausschnitt der Nordostfassade des Neuen Museums und das Ende des Kolonnadenhofes im Nordwesten
Section of the north-eastern façade of the Neues Museum and the end of the Kolonnadenhof in the northwest

XXXIII · XXXIV · XXXV
Bronzeplastiken im Kolonnadenhof · Amazone und Bogenspannerin
Bronze sculptures in the Kolonnadenhof · Amazon and female archer

XXXVI · XXXVII
Blick über die Spree auf die Nordwestfassade des Bodemuseums · Ausschnitt der Nordostfassade des Bodemuseums
View across the River Spree towards the north-western façade of the Bodemuseum · Section of the north-eastern façade of the Bodemuseum

XXXVIII
Blick auf die Nordwestfassade des Bodemuseums
View towards the north-western façade of the Bodemuseum

BODE-MUSEUM

XXXIX
Blick über die Spree auf die Nordwestfassade des Bodemuseums und den Fernsehturm
View across the River Spree towards the north-western façade of the Bodemuseum and the television tower

MUSEUM
UKW
20

XL · XLI
Blick über den Kupfergraben auf die Südwestfassade des Bodemuseums
View across the Kupfergraben towards the south-western façade of the Bodemuseum

XLII

Blick über den Kupfergraben auf die Monbijoubrücke und das Bodemuseum

View across the Kupfergraben towards the Monbijoubrücke and the Bodemuseum

XLIII
Blick über den Kupfergraben auf das Pergamonmuseum
View across the Kupfergraben towards the Pergamonmuseum

XLIV · XLV
Blick über den Kupfergraben auf den Südflügel des Pergamonmuseums
View across the Kupfergraben towards the southern wing of the Pergamonmuseum

XLVI
Blick von der Straße Am Kupfergraben auf die Eingangsfassade des Pergamonmuseums
View from the street Am Kupfergraben towards the entrance façade of the Pergamonmuseum

DAS
SILBERNE
PFERD
Pergamonmuseum

XLVII

Blick aus der Bauhofstraße auf den Südflügel des Pergamonmuseums

View from the Bauhofstrasse towards the southern wing of the Pergamonmuseum

Am Kupfergraben

MAXIM
GORKI
THEATER

XLVIII · XLIX
Blick von der Museumsinsel auf das gegenüberliegende Ufer des Kupfergrabens · Erhaltene Teile der Kolonnaden des Neuen Museums vor der Restaurierung
View from the Museumsinsel towards the opposite shore of the Kupfergraben · Parts of the colonnades of the Neues Museum before the restoration

L

Blick auf die Südostfassade des Pergamonmuseums · Im Vordergrund die Baustelle für die James-Simon-Galerie

View towards the south-eastern façade of the Pergamonmuseum · In the foreground the construction site for the James-Simon-Galerie

LI

Blick auf die Südwestfassade des Neuen Museums · Im Vordergrund die Baustelle für die James-Simon-Galerie

View towards the south-western façade of the Neues Museum · In the foreground the construction site for the James-Simon-Galerie

LII
Blick vom Lustgarten auf die Südostfassade des Alten Museums
View from the Lustgarten towards the south-eastern façade of the Altes Museum

ET ARTIVM LIBERALIVM MVSEVM CONSTITVIT MDCCCXXVIII

LIII
Die Säulenvorhalle des Alten Museums
The columned hall of the Altes Museum

LIV · LV

Die Kolonnaden und das Treppenhaus des Alten Museums

The colonnades and the staircase of the Altes Museum

VITATIS OMNIGENAE ET ARTIVM LIBER

LVI · LVII
Blick aus dem Pergamonmuseum über die Eisenbahntrasse zum Bodemuseum
View from the Pergamonmuseum across the railway lines towards the Bodemuseum

KAISER
WILHELM II
DEM
ANDENKEN
FRIEDRICHS
VOLLENDET
MDCCCCV

LVIII
Der Pergamonaltar im Pergamonmuseum
The Pergamon Altar in the Pergamonmuseum

Der Pergamonaltar -
Kunst
und Architektur
Der Pergamonaltar wurde während der Regierungszeit des Königs Eumenes II. (197 - 156 v.Chr.) errichtet und gehört zu den berühmtesten Monumenten der hellenistischen Kunst. Er erhebt sich über einer fast quadratischen Grundfläche (36,80 m x 34,20 m) mit vier Stufen, einem niedrigen Sockel und einem Unterbau, der mit einem 2,30 m hohen und 113 m langen Fries dekoriert war.
Der Fries stellt den mythischen Kampf der Götter gegen die Giganten dar, ein in der griechischen Kunst weit verbreitetes Thema. Eine zierliche Säulenhalle mit ionischen Kapitellen umgibt den Oberbau des Bauwerks. Der eigentliche Opferaltar stand im Innenhof des Gebäudes. Ein kleiner Fries schmückte die Innenwände des Altarhofes. Dieser

LIX · LX
Der Römische Saal und der Bacchussaal im Neuen Museum vor der Restaurierung
The Römische Saal and the Bacchussaal in the Neues Museum before the restoration

LXI
Blick aus dem Neuen Museum auf die Alte Nationalgalerie und den Fernsehturm
View from the Neues Museum towards the Alte Nationalgalerie and the television tower

LXII
Die Treppenhalle im Neuen Museum
The staircase hall in the Neues Museum

LXIII · LXIV
Das Treppenhaus unter der kleinen Kuppel im Bodemuseum
The staircase under the small dome in the Bodemuseum

LXV · LXVI
Das Treppenhaus unter der großen Kuppel im Bodemuseum
The staircase under the big dome in the Bodemuseum

LXVII · LXVIII
Das Treppenhaus in der Alten Nationalgalerie
The staircase in the Alte Nationalgalerie

LXIX
Die Rotunde im Alten Museum
The rotunda in the Altes Museum

Blick vom Berliner Dom auf die Museumsinsel
View from the Berliner Dom towards the Museumsinsel

1 Altes Museum
1823-1830
Architekt:
Karl Friedrich Schinkel

2 Neues Museum
1841-1859
Architekt:
Friedrich August Stüler

3 Alte Nationalgalerie
1866-1876
Architekten:
Friedrich August Stüler,
Johann Heinrich Strack

4 Bodemuseum
1897-1904
Architekt:
Ernst Eberhard von Ihne

5 Pergamonmuseum
1910-1930
Architekten:
Alfred Messel,
Ludwig Hoffmann

6 Berliner Dom
1893-1905
Architekt:
Julius Carl Raschdorff

4
5
3
2

Die Fotografien von der Berliner Museumsinsel
können in limitierten Editionen erworben werden.
maximilian.meisse@t-online.de
www.meisse.de

Fotografien	Maximilian Meisse
Buchgestaltung	Maximilian Meisse und Nicolaus Ott
Druck	Medialis Offsetdruck GmbH, Berlin
© 2011	Maximilian Meisse und Hans Kollhoff
Alleinvertrieb im Buchhandel	Ernst Wasmuth Verlag Tübingen · Berlin
ISBN	978 3 8030 0748 3

Printed in Germany

Hauptförderer der Staatlichen Museen zu Berlin

Finanzgruppe

Berliner Sparkasse
DekaBank Deutsche Girozentrale
Sparkassen-Kulturfonds des
Deutschen Sparkassen- und Giroverbandes